Montmartre
Gare du Nord
Buttes Chaumont
Cimetière du Père-Lachaise
Halles centrales
Cirque d'Hiver
Pont-Neuf
Notre-Dame
Gare de Lyon
Panthéon
Jardin des Plantes
Observatoire

L'éditeur remercie Amandine Fahy-Turier
pour sa collaboration précieuse à cette enquête !

Textes : Virgile Turier
Illustrations : Caroline Ayrault, Solenne & Thomas

Directrice : Sarah Kœgler-Jacquet
Directrice de projets : Sandra Berthe
Responsable éditoriale : Nathalie Marcus, assistée de Léa Van Den Driessche
Graphiste : Mylène Gache
Fabrication : Morgane Lajeunesse
Suivi éditorial : Mathilde Ricciardelli
Maquette : Nicolas Galy pour NoOok
Correction : Agnès Duhamel

58, rue Jean Bleuzen – 92178 Vanves CEDEX.

Dépôt légal : août 2021 – Édition 01
Achevé d'imprimer en France par Pollina en août 2021 - 98643.
Loi n° 49-956 du 16 juillet 1949 sur les publications destinées à la jeunesse.

PAPIER À BASE DE FIBRES CERTIFIÉES

Deux Coqs d'Or s'engage pour l'environnement en réduisant l'empreinte carbone de ses livres. Celle de cet exemplaire est de :
550 g éq. CO_2
Rendez-vous sur www.deux-coqs-dor-durable.fr

SUR LES TRACES D'ARSÈNE LUPIN

DEUX COQS D'OR

Ce manuel n'est pas arrivé entre tes mains par hasard. Je ne crois pas au hasard. Quand je lance les dés, je m'assure que ceux-ci soient pipés. Je me suis amusé à cacher, dans ce vieux Paris que j'aime tant, trois de mes accessoires préférés. Tu dois retrouver ces reliques pour accéder à mon repaire secret ! Il faudra que tu aies l'esprit vif pour dénicher mon trésor...

Arsène Lupin

RÈGLE DU JEU ET PRÉCISIONS

Tu tiens entre les mains le mystérieux carnet d'Arsène Lupin. Celui-ci regorge de coupures de journaux, d'annotations, de plans et d'énigmes à résoudre. Tu auras besoin d'un papier et d'un crayon pour prendre des notes et d'une paire de ciseaux, pour **découper soigneusement le triangle** de la fin du livre. Celui-ci te servira à plusieurs reprises, garde-le précieusement.

Tu dois trouver, sur le plan de Paris, **les trois lieux où sont cachées les reliques d'Arsène Lupin.** Ces trois accessoires apparaissent sur le portrait d'Arsène, à la fin du livre. Ce sont uniquement ces reliques qui t'intéressent et elles peuvent se trouver dans n'importe quel lieu ! Pour savoir où chercher, résous les énigmes de ce carnet, dans l'ordre de ton choix, jusqu'à l'énigme 31. Les réponses te diront si le lieu en question contient une relique ! Si la solution ne nomme pas précisément une des reliques, c'est qu'il n'y a rien à chercher à cet endroit. Élimine les lieux petit à petit pour ne garder que les trois qui abritent les reliques. Mais pense néanmoins à **noter les réponses des énigmes** car celles-ci te serviront plus tard.

Attention ! À partir de l'énigme 31, tu auras besoin d'un code pour résoudre les dernières énigmes, qui ne peut être obtenu qu'à l'aide du triangle découpé. Pour faire apparaître le code, tu devras **placer le triangle sur les trois lieux** où sont cachées les reliques d'Arsène Lupin. Une fois le code en ta possession, suis les instructions de l'énigme 31 et continue ton aventure !

Bonne chance ! Et prouve que tu es digne de l'héritage d'Arsène Lupin !

J'aime beaucoup me noyer dans la foule
des Halles centrales ! Sauras-tu me trouver ?
N'y a-t-il pas, dans ce carnet, mon portrait pour t'aider ?
Note bien ce que je tiens en main, cela pourra te servir.
Et pour information, les Halles ne sont pas un lieu « clé ».

1

La crème de jouvence du professeur Charles Hatan

2

Madame, Monsieur, vous avez le teint pâle, vous étouffez dans la grisaille parisienne ? Venez me retrouver dans ma boutique et je me ferai un plaisir de vous faire essayer un échantillon gratuit* de mon exceptionnelle crème de jouvence. Résultats garantis** !

Je communique souvent avec mes hommes de main en laissant des messages codés dans des boutiques qui me servent de couverture...
Sauras-tu déchiffrer celui-ci ?

3

J'adore le train. Voler discrètement les voyageurs dans mon compartiment quand on passe dans un tunnel, c'est un grand classique ! Au fait, ces lignes de chemin de fer auraient bien besoin d'être réorganisées, tu ne crois pas ?

Ce grand illusionniste a été formé aux arts de la prestidigitation du grand Dickson en personne. Ne manquez pas cet époustouflant numéro, qui précède la célèbre danse sur l'air d'Offenbach !

Mesure ces plumes « empruntées » à des danseuses, de la plus petite à la plus grande et découvre un endroit où je n'ai absolument rien caché.

5

Le célèbre gentleman cambrioleur qui défraie la chronique a lancé un incroyable défi à la police ! Arsène Lupin a fait parvenir à notre journal ce télégramme : « Je volerai l'obélisque de Paris samedi soir. » Quelle provocation ! Le voleur réalisera-t-il son forfait ?

Bien sûr que non, je n'ai pas volé l'Obélisque ! C'était un stratagème pour occuper la police et la maintenir dans ce quartier, pendant que je volais un rubis dont j'avais besoin pour compléter ma collection de pierres précieuses… À propos d'obélisque, il serait bon de reconstituer celui-ci. Peut-être y ai-je laissé un indice important ?

Lors de la première de *Madame Butterfly*. Nous sommes sans nouvelles de la danseuse Pauline Rens, qui devait participer à l'opéra d'Offenbach en deux actes.

6

C'était moi, Pauline Rens... Je m'étais grimé en danseuse pour passer inaperçu sur scène. Voici quelques esquisses faites de mémoire de mes charmantes collègues. Je ne me souviens plus si l'une d'entre elles portait une de mes reliques cela dit... Seuls trois détails me reviennent en mémoire : elle portait un tutu violet, ne tenait pas de canne et ses chaussons n'étaient pas jaunes. Si celle qui reste tient une de mes reliques, alors il faudra chercher par ici. Sinon, c'est que ce n'est pas là...

Au nord de la Seine,
à l'est de la gare du Nord
et pas au sud du cimetière
du Père-Lachaise.

Ces indications ne
sont pas là pour rien.
Elles indiquent
forcément un endroit,
mais lequel?
Il n'est pas dit
qu'Arsène Lupin
te laissera en «plan».

*Tu as trouvé? Bravo!
Il n'y a rien? Dans
ce cas, tu sais qu'il ne
faut pas s'attarder ici...
Ne sois pas trop «buté»!*

La jeune femme a déclaré à la police avoir été sauvée au pied du Lion de Belfort par un homme, armé d'une canne-épée, qui a promptement désarmé la bande de voyous qui escomptait la voler.

8

Un gentleman cambrioleur habile comme moi a l'œil pour distinguer immédiatement les copies d'un original. Que ce soit pour des bijoux, des tableaux, ou... des statues monumentales. Et toi, du premier coup d'œil, sauras-tu trouver la seule ombre identique au lion original?

9

On ne peut dire de moi,
qui suis bossue, << ce n'est
pas du gâteau >>.

Lorsque je pleure,
je ne le fais pas à moitié.

On me fête
le 22 juillet.

Quel était cet endroit, déjà ? Ce dont je suis sûr, c'est qu'aucune de mes reliques ne s'y trouve. Qu'est-ce qui m'a pris de ne noter que ces vagues indications pour retrouver ce lieu sur ma carte ?

Évasion spectaculaire place de l'Étoile !

Un homme, poursuivi par une trentaine de policiers, s'était réfugié en haut de l'Arc de Triomphe. Le fugitif en cape et haut-de-forme allait se faire rattraper lorsqu'un ballon publicitaire s'est approché du monument et a lancé une échelle au bandit. Celui-ci a élégamment salué la police avant de s'envoler. Si la Sûreté n'a pas voulu faire de commentaires, tout le monde s'accorde à dire qu'il s'agissait bien du célèbre Arsène Lupin.

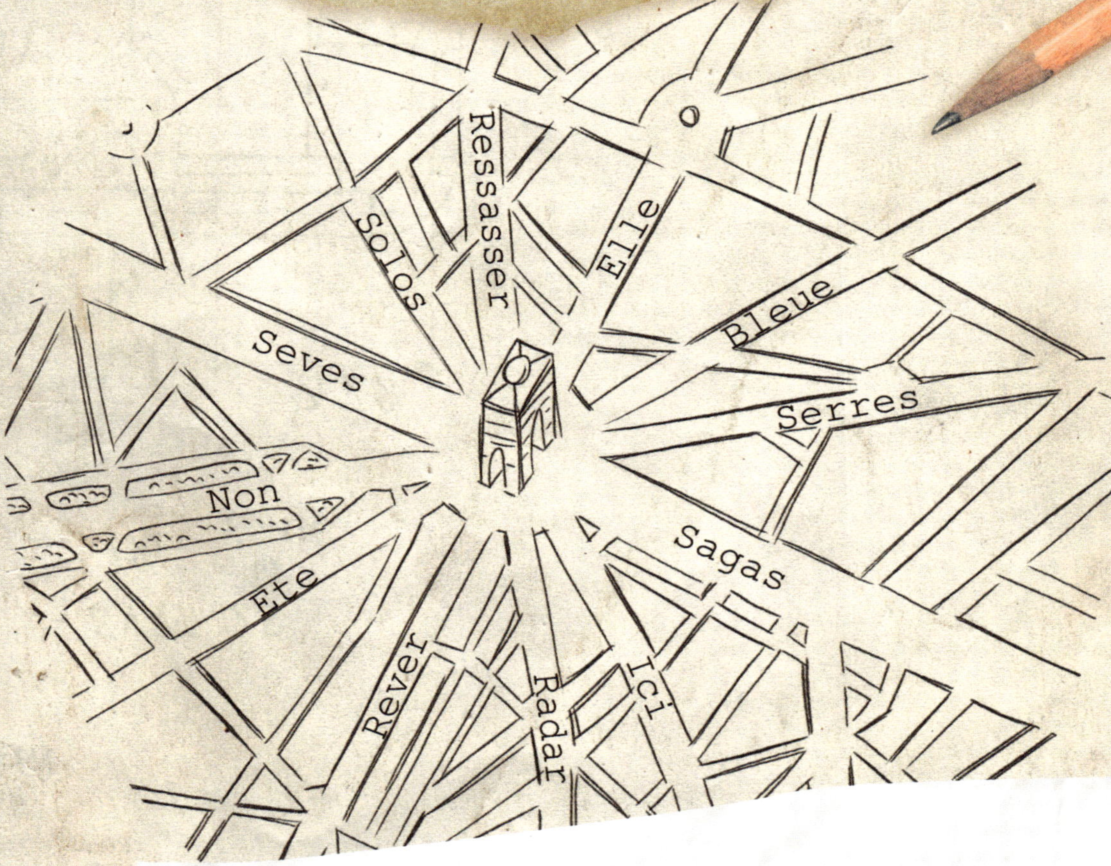

La symétrie de l'Arc de Triomphe m'a toujours fasciné ! Et les nombreuses avenues qui en partent le rendent incontournable pour qui veut semer la police facilement ! Trouveras-tu l'avenue qui se démarque des autres ?

Vol à l'institut Pasteur ?

L'Institut Pasteur a signalé une effraction dans ses locaux, suite à la découverte d'une carte de visite d'Arsène Lupin entre les mains d'un squelette médical. Qu'a donc pu voler le gentleman cambrioleur ? Les chercheurs de l'Institut n'ont pas fini de chercher !

Quel récipient
se remplira
en premier ?

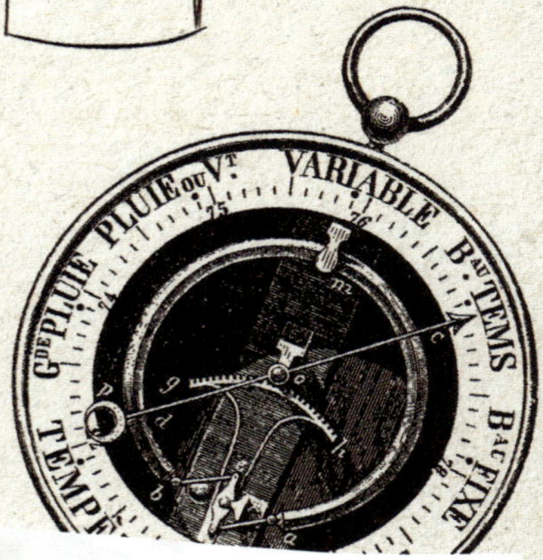

Un puissant narcoleptique pour mes expériences, tout simplement ! Il n'y a pas de relique ici, passe ton chemin, mais n'oublie pas de noter la réponse à cette énigme d'abord...

Il vole la culture, à présent !

12

Le doyen de l'université de Paris la Sorbonne est dans tous ses états. La nuit dernière, le tristement célèbre Arsène Lupin a osé s'introduire dans ce temple sacré de la culture pour dérober un précieux manuscrit de Molière. Si les voleurs se mettent à se servir dans les bibliothèques, où va-t-on ?

Ce manuscrit menait à un trésor ! À propos de trésor, toutes ces nouvelles relatent mes aventures... Mais pour qu'ils figurent dignement sur une étagère de bibliothèque, ne conviendrait-il point de mieux ranger ces ouvrages ?

J'ai changé de nom de nombreuses fois dans ma vie. Parfois je m'inspirais de ceux trouvés sur les pierres du Père-Lachaise. Trouveras-tu le secret de ce lieu ?

INAUGURATION ET CAVIAR

14

Afin de célébrer l'amitié franco-russe, le Tsar en personne était présent à l'inauguration du pont ! Ne manquez pas notre chronique mondaine qui dépeint les plus hauts dignitaires des deux grands empires.

Drôle d'inscription, n'est-ce pas ? N'en as-tu pas déjà vu une similaire quelque part ?

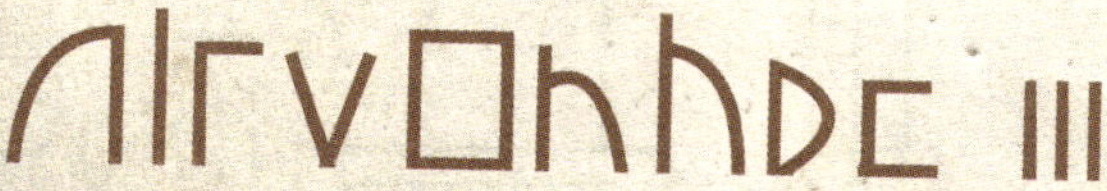

J'ai assisté à l'inauguration de ce pont, auprès de riches hommes d'affaires russes. Grâce à eux, j'ai pu remplir mes poches de lingots d'or. Je me souviens qu'il n'y a pas de relique ici !

Un homme s'est jeté du haut de la tour Eiffel, provoquant l'effroi des Parisiens… et leur stupeur, car peu après être tombé dans le vide, l'individu a déployé une grande aile de tissu sur laquelle était écrit « Arsène Lupin vous salue bien ! ». Encore une démonstration d'adresse du célèbre bandit !

15

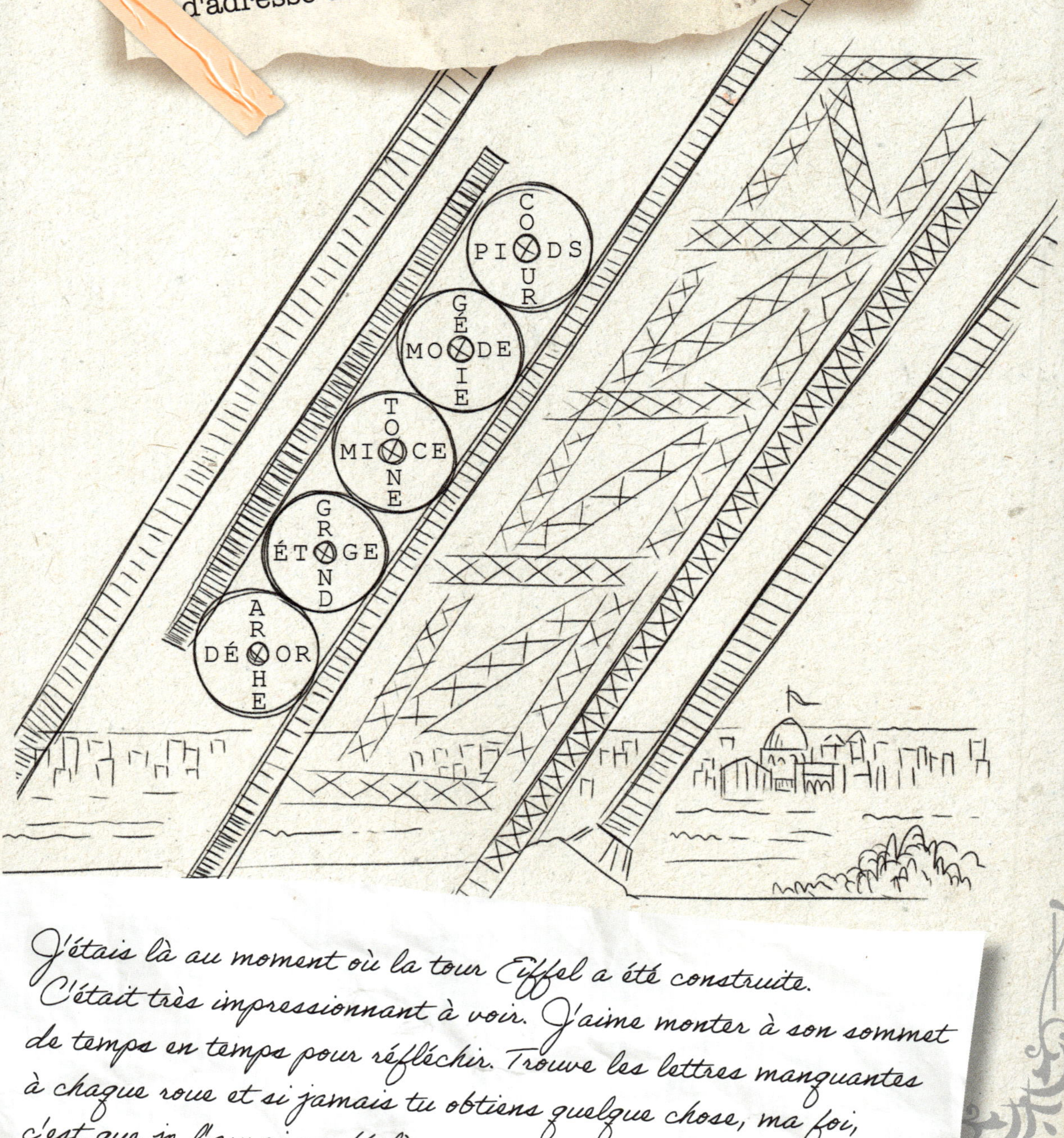

J'étais là au moment où la tour Eiffel a été construite. C'était très impressionnant à voir. J'aime monter à son sommet de temps en temps pour réfléchir. Trouve les lettres manquantes à chaque roue et si jamais tu obtiens quelque chose, ma foi, c'est que je l'aurai caché là.

16

J'adore Montmartre. Ses peintres, sa vie de bohème. Croquer des modèles au sourire désarmant... J'y ai repéré de fabuleux talents que j'ai, plus tard, engagés comme excellents faussaires pour remplacer des tableaux volés. Certains sont capables de faire des miracles, comme former quatre triangles en ne déplaçant que quatre pinceaux, à partir de cette forme. Et toi?

Au fait, ce n'est pas parce que je n'ai rien caché ici qu'il ne faut pas noter les numéros importants de cette page. Cela te sera bien utile plus tard, crois-moi...

17

Dans la gare Saint-Lazare, c'est le bazar. Alors que je suis poursuivi, les majuscules font des émules. Remets les lignes de ce texte dans le bon ordre, et retrouve-moi, ainsi que mon poursuivant !

valIse rouge alorS que mon eXquIse
Déguisement Est Un fameuX atout.
mon cHarmanT et fabUleux vIsage.
Qui me poursuIt porte Cette voyaNte
caSquette blEue cache à la PerfecTion
daNs mon métier, l'art dU
pouR fUir lA maTraQue. comme ici, cElui
j'ai tRès sOuvent changé mes IdenTitéS

18

J'aurais pu facilement voler la Joconde. D'ailleurs, peut-être l'ai-je déjà fait et que celle présente au Louvre n'est qu'une excellente copie ? Qui sait... Certaines copies sont évidentes, d'autres, moins. Sauras-tu trouver le seul tableau qui soit vraiment unique ? Si le nom d'une relique y est noté, garde-la précieusement, sinon, c'est qu'il n'y a rien ici non plus...

19

Remettre les pendules à l'heure

Alors qu'il entamait sa ronde matinale, le gardien du Panthéon remarqua un nœud en tissu autour du pendule de Foucault. Accrochée à ce nœud, une carte de visite, signée « Arsène Lupin », expliquant : « Merci de m'avoir prêté le pendule pour une petite expérience, je vous le rends ! » Après examen, il s'agissait bien du pendule original, ce célèbre dispositif conçu pour mettre en évidence la rotation de la Terre. Cela voudrait-il dire que pendant tout ce temps, il avait été remplacé par un faux ? Ce soi-disant gentleman n'a-t-il donc aucun respect pour les sciences ?

J'apparais deux fois
dans le Panthéon,
je commence la nuit
et finis le matin.
Qui suis-je ?

Bien sûr, que je respecte les sciences ! J'avais besoin de cette grosse boule pour une de mes expériences, voilà tout. Et puis, je trouvais follement amusant de le voler, ce pendule. De plus, je l'ai rendu, non ? Ah, tant que j'y suis, cette histoire me rappelle une énigme. Cela t'apportera-t-il une de mes reliques ? Quoi qu'il en soit, pense à noter le résultat...

J'ai dans Paris tout un tas de cachettes pour mes trésors. Car il ne faut pas mettre tous ses œufs dans le même panier, pas vrai? Par exemple, dans la cathédrale Notre-Dame, quatre dalles amovibles ouvrent une de mes cachettes… À condition de suivre les bonnes instructions. Sauras-tu les comprendre?

20

V avant I
E après I
I avant V
Intervertir D et V

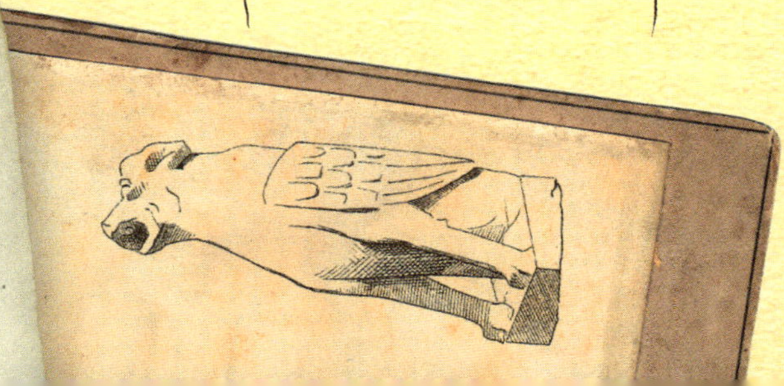

21

Et l'on est toujours sans nouvelles du rubis « L'œil de Pondichéry », estimé à plusieurs millions de francs, volé par un dénommé Arsène Lupin.

Près du pont des Arts, une échelle est fixée sur le côté d'un bateau. Lorsque la Seine est basse, treize barreaux de l'échelle sont hors de l'eau. La crue monte de dix centimètres par heure et les barreaux sont espacés de cinq centimètres. Après trois heures de crue montante, combien de barreaux seront hors de l'eau ?

Dire que ce joyau se trouvait sous leur nez. Ou plus exactement, sous le pont… des Arts ! Dans un vieux casier à homards, sous l'eau. Parfois, les cachettes les plus simples sont les meilleures. Un complice surveillait l'endroit en attendant que je vienne le récupérer. Sauras-tu résoudre cette petite devinette ?

Herbier

22

Au Jardin des Plantes, j'aime voler une rose pour l'offrir à une aimée. Un vrai gentleman connaît le langage des fleurs et sait l'utiliser à bon escient. Pourtant, quelque chose ne va pas dans ces roses, mais quoi? Ah, ce n'est pas parce que je n'ai rien caché ici qu'il ne faut rien retenir de cet endroit.

23

Le Courrier de Paris

Un coup de filet pas laid au palais

Souvenez-vous, dans notre édition de la semaine dernière, nous parlions de cet audacieux cambriolage au Palais-Royal : trois voleurs s'étaient emparés de bijoux d'une valeur inestimable, destinés à la grande exposition « Les bijoux de la royauté ». Les trois brigands avaient usé des mêmes artifices que le tristement célèbre Arsène Lupin, à savoir entrée discrète et remplacement du butin par des faux. Or, après une enquête approfondie menée par le commissaire Lenormand, les trois voleurs ont été arrêtés par la police et le butin récupéré. Fait intéressant néanmoins, si tous les trois ont été condamnés à la même peine, un seul homme ira pourtant en prison.

C'est moi qui avais mené cette enquête. Ces amateurs avaient le toupet de se faire passer pour Arsène Lupin ! L'endroit mentionné dans l'article ne cache pas de relique, non. Mais toi, sais-tu pourquoi un seul homme ira en prison ?

1 SUD
2 EST
2 NORD
2 OUEST
2 EST
1 NORD
2 OUEST
1 NORD
1 EST
1 SUD
1,5 NORD-EST
2 NORD
1 SUD
2 OUEST
1 NORD
4 EST
2 OUEST
1 NORD
2 OUEST
2 EST
1 NORD
2 OUEST
2 EST
2 NORD
1 SUD
1 OUEST
1 NORD
1 SUD
1 OUEST
1 NORD

i

24

Trouveras-tu ce lieu où je n'ai jamais été ? Tu auras sûrement besoin d'un outil, d'une feuille et d'un crayon pour cette énigme... Et si tu n'as pas de carreaux, sers-toi du triangle gradué, je ne vais pas résoudre l'énigme pour toi...

J'ai relevé cette série de chiffres qui avaient été gravés dans la pierre du Pont-Neuf. Apparemment, l'un d'eux n'a pas sa place ici, mais lequel ?

428523

428541

420657

421548

420648

420646

Ça me revient ! Je n'avais rien laissé à cet endroit. Mais qui sait, peut-être que certains chiffres ici présents te seront utiles plus tard ?

Je peux modifier bien des choses sur mon apparence, sauf une. Laquelle ?

Il faut toujours prévoir sa fuite ! Pour cela il est impératif de changer d'identité et d'avoir les papiers pour le prouver. Tiens, par exemple, voici six cartes d'identité que je cache d'ordinaire dans un casier de la gare du Nord. L'une d'elles n'est visiblement pas à moi, peux-tu trouver laquelle ?

Réclames

27

Ne soyez plus un fou, devenez le roi ! Sans être à cheval sur vos grands principes, venez faire un tour dans notre boutique !

Demandez les échiquiers Beautrelet et ses fines pièces sculptées à la main !

Les cartes à jouer Sholmès, importées d'Angleterre, vous garantiront des parties endiablées avec vos amis et votre famille.

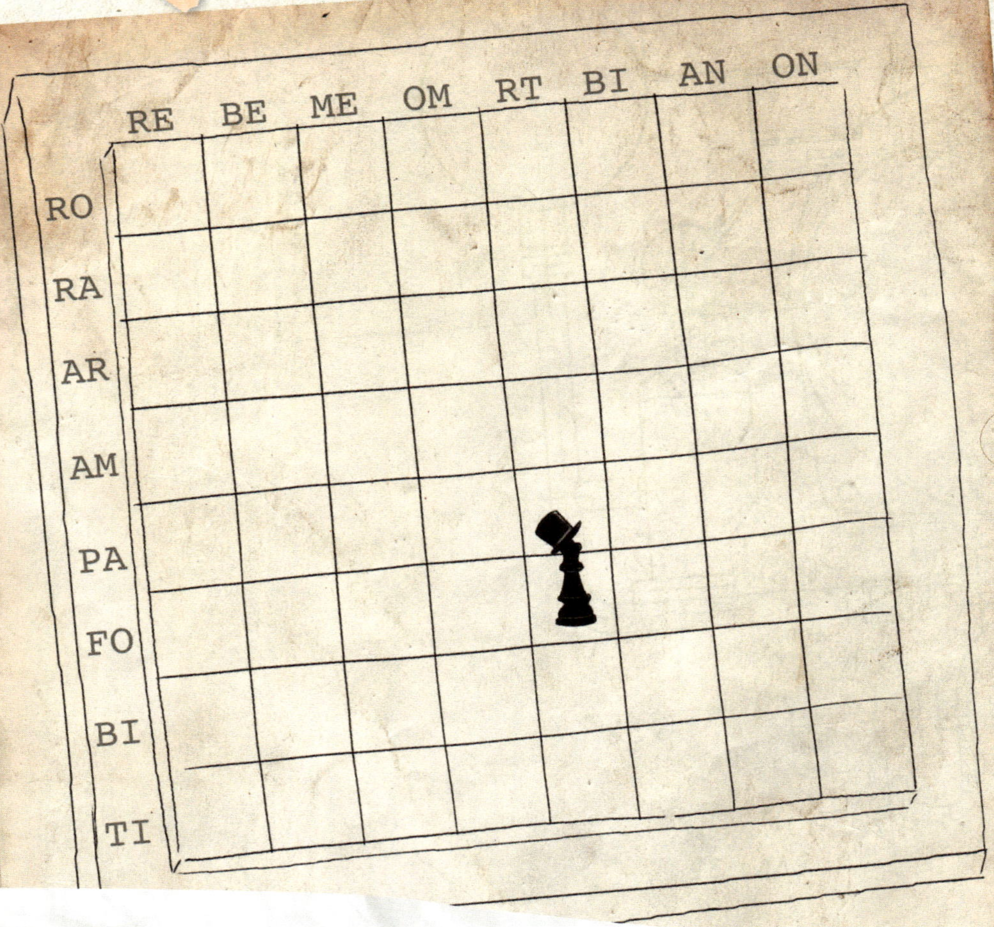

Trouve ce lieu où j'aime jouer aux échecs… et note les coordonnées quelque part, cela te servira plus tard.

OBSERVATOIRE DE PARIS

Avenue de l'Observatoire
Visites du mardi au mercredi
De 10 h à 10 h 30.
Merci de ne pas déranger
les astronomes qui travaillent.

N'as-tu pas vu un
alphabet à la fin
de ton livre ?

28

Cette énigme me rappelle quand j'étais parti à la recherche du trésor des rois de France, il était aussi question d'étoiles ! Celles-ci contiennent sûrement un message ou, qui sait, indiquent l'emplacement d'une de mes reliques... Pour réaliser cette énigme, dis-toi que tu ne vois rien.

Course-poursuite au cimetière !

Des témoins auraient aperçu, le soir du 28 juin, un fugitif élégamment vêtu se réfugiant au cimetière du Montparnasse. La maréchaussée eut beau fouiller les allées, elle dut rentrer bredouille ! S'agissait-il du tant redouté Arsène Lupin ?

Mon plan d'évasion en passant par le cimetière...

Me promener dans les nombreuses allées fleuries du cimetière baignées par les reflets orangés du soleil couchant, bercé par le doux parfum des chrysanthèmes, cela m'émeut toujours. J'aime à arpenter ces chemins de gravier, tout y est si tranquille ! Et puis, c'est bien pratique pour échapper aux pandores...

	I	N	V	A	L	I	D	E	S
1									
2									
3									
4									
5									

1. Pas gentilles.
2. Ingrédients pour faire lever le pain.
3. On y range nos vêtements en voyage.
4. Danse à trois temps.
5. Récipient à fleurs.

Je me promène parfois aux Invalides et je repense à ma carrière dans la Légion étrangère. Quelle aventure ! Je crois que la perfection est atteinte non pas lorsqu'il n'y a plus rien à ajouter, mais lorsqu'il n'y a plus rien à retirer. Je suis sûr que quelqu'un finira par s'attribuer cette pensée… Quant à toi, retire une lettre à chaque ligne, pour trouver un nouveau mot à chaque fois. Les définitions sont là pour t'aider.

ATTENTION, SI JUSQU'À PRÉSENT, TU POUVAIS RÉSOUDRE LES ÉNIGMES DANS L'ORDRE DE TON CHOIX, À PARTIR D'ICI, IL TE FAUDRA TOURNER LES PAGES LES UNES À LA SUITE DES AUTRES… ET N'OUBLIE PAS, LA SOLUTION DE L'ÉNIGME PRÉCÉDENTE T'AIDERA SOUVENT À Y VOIR PLUS CLAIR !

Alors ça y est, tu as trouvé mes trois reliques ? Mon monocle, mon haut-de-forme et ma canne ? Relie à présent ces trois endroits sur la carte à l'aide du triangle découpé. La solution devrait apparaître d'elle-même. Te voilà prêt à poursuivre cette chasse au trésor… À condition de pouvoir ouvrir cette porte ! Au fait, as-tu bien noté les réponses de chaque énigme du plan de Paris ? Celles-ci te seront bien utiles… Parole d'Arsène !

JIS « ZRSWNW »
WT WNTRW.

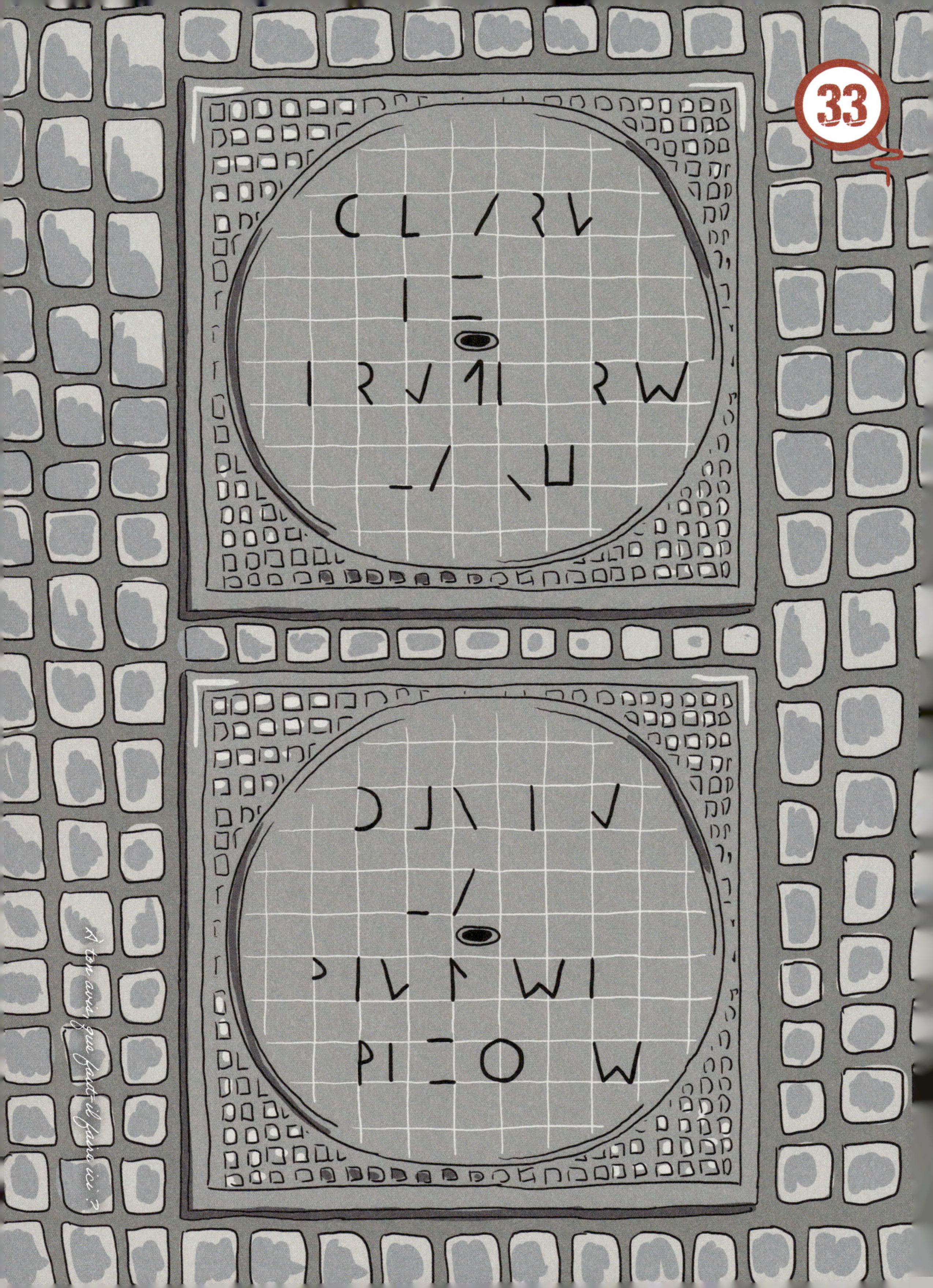
À ton avis, que faut-il faire ici ?

Un grand escalier descend, plongeant dans les ténèbres. Tu allumes ta lampe de poche et tu remarques plus bas un système électrique. Pour remettre celui-ci en marche, tu auras besoin d'un élément, mais lequel ? Et que signifie cette étrange inscription, sur le mur ?

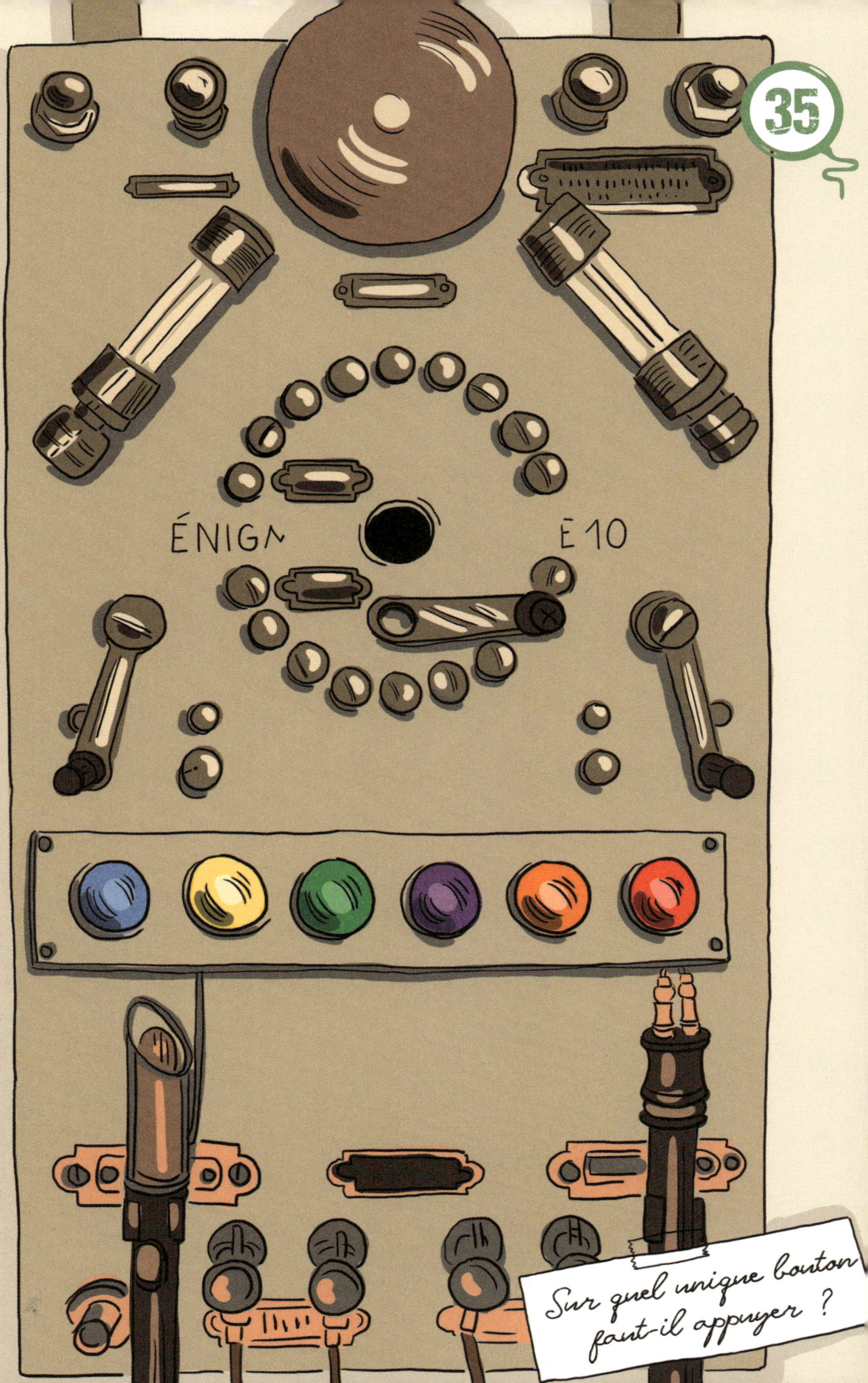
35
ÉNIGM
E10
Sur quel unique bouton
faut-il appuyer ?

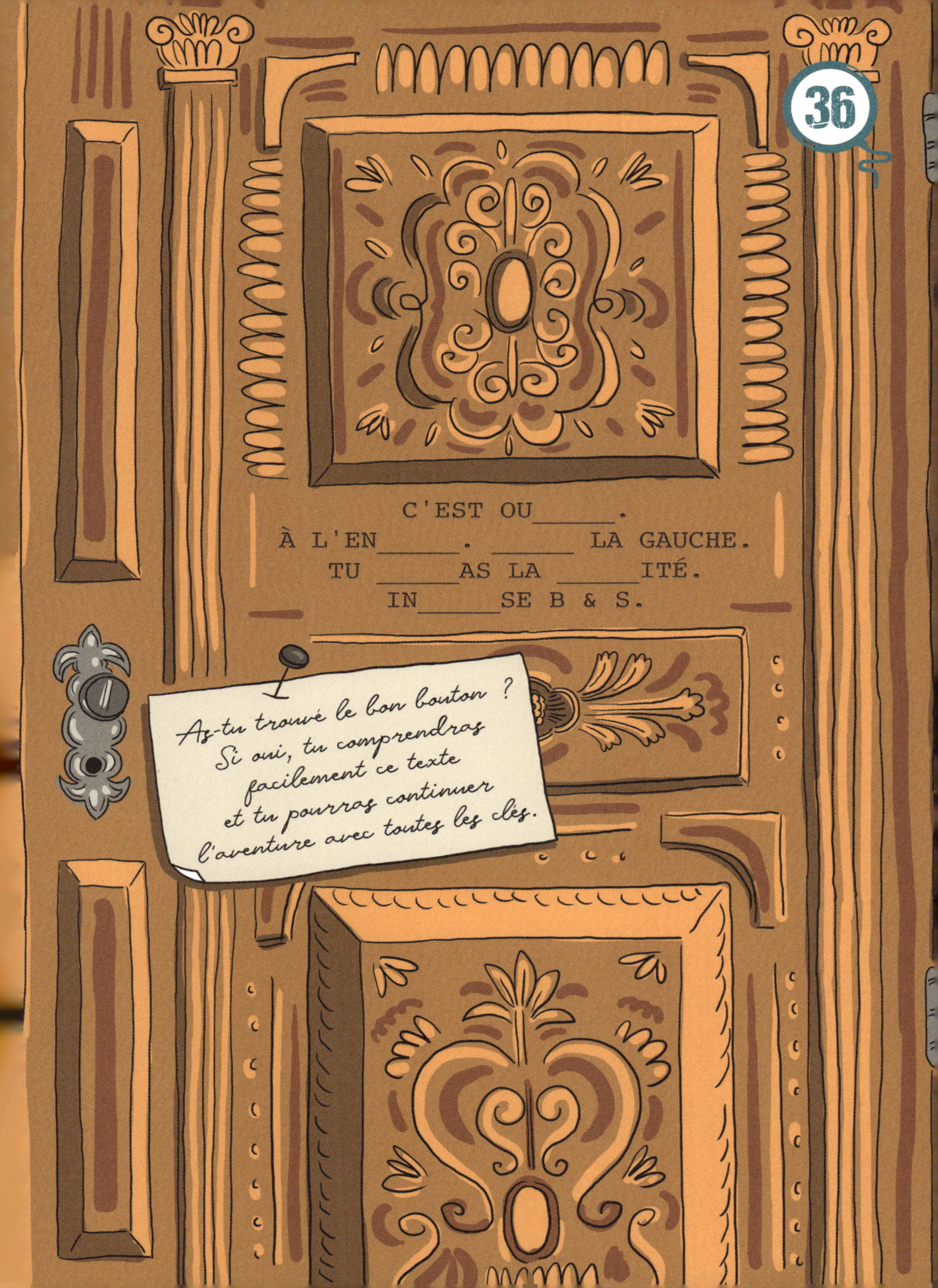
C'EST OU_____.
À L'EN_____. _____ LA GAUCHE.
TU _____AS LA _____ITÉ.
IN_____SE B & S.
As-tu trouvé le bon bouton ?
Si oui, tu comprendras
facilement ce texte
et tu pourras continuer
l'aventure avec toutes les clés.

Nom bnad eunevneis
Nom ehcac eb icI. Uaerus
.Robert

37
ETRACALRUB [Résultat Énigme 30] 2BELEILER

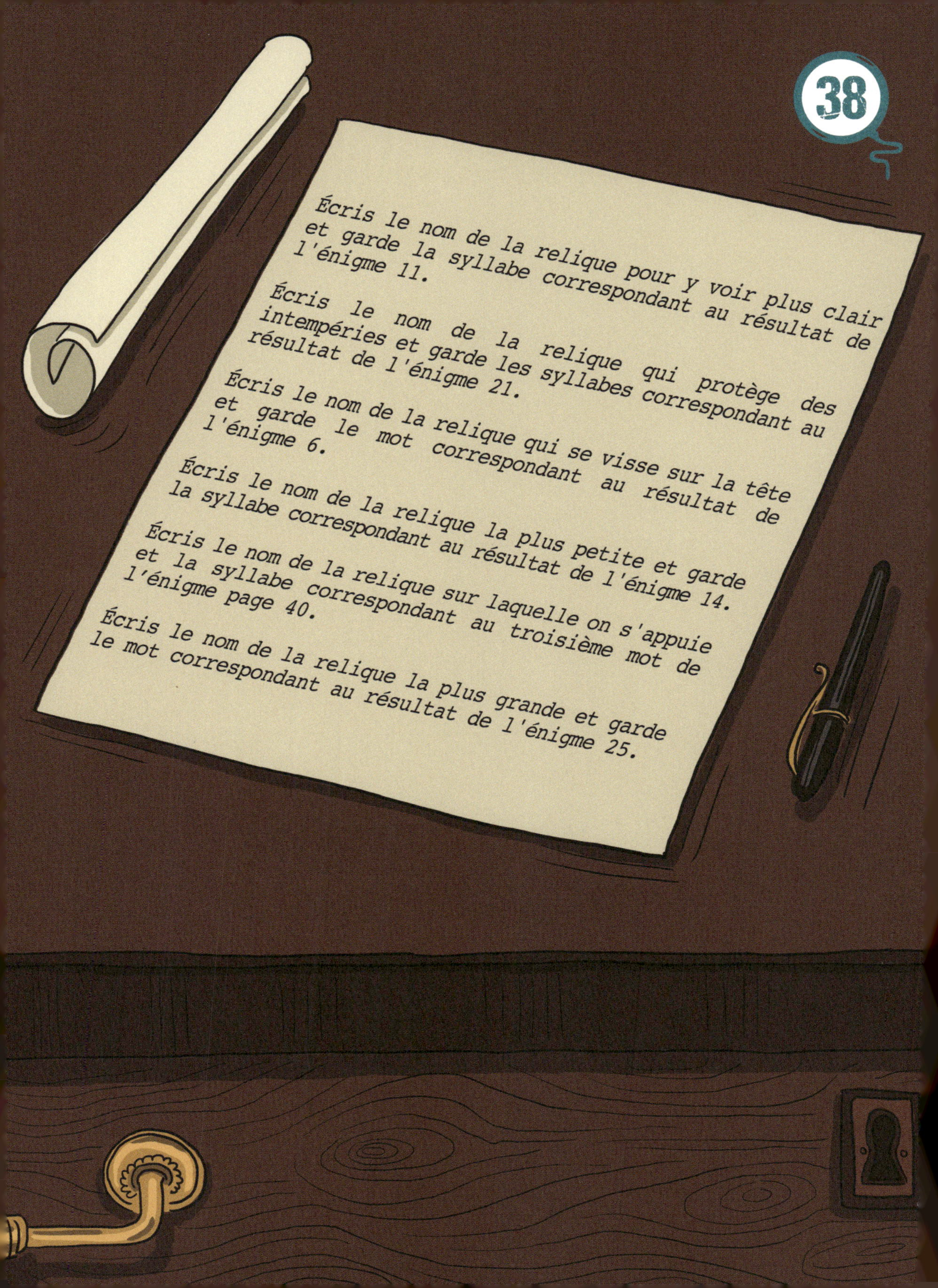
38
Écris le nom de la relique pour y voir plus clair et garde la syllabe correspondant au résultat de l'énigme 11.
Écris le nom de la relique qui protège des intempéries et garde les syllabes correspondant au résultat de l'énigme 21.
Écris le nom de la relique qui se visse sur la tête et garde le mot correspondant au résultat de l'énigme 6.
Écris le nom de la relique la plus petite et garde la syllabe correspondant au résultat de l'énigme 14.
Écris le nom de la relique sur laquelle on s'appuie et la syllabe correspondant au troisième mot de l'énigme page 40.
Écris le nom de la relique la plus grande et garde le mot correspondant au résultat de l'énigme 25.

L'énigme précédente a révélé un objet.
Un objet que tu as déjà vu, mais où ?
Il va falloir le retrouver...
Car tu auras besoin du second objet
qui y est associé pour comprendre
l'énigme finale.

40

Sous [nom du Père énigme 13] se trouve une
[nom vitrine énigme 26]. En l'ouvrant tu découvres
un [nom tableau énigme 18] [coordonnées énigme 27].
Le code est [énigme 16] dans le même ordre
que le classement de l'énigme 12. Voici le fameux
[nom lien énigme 8] [dernier mot lien énigme 23].
Il est à toi. Quel [dernier mot lien énigme 10].
Tu es le digne héritier d'Arsène Lupin !

CONCLUSION

Tu exécutes une à une les instructions patiemment déchiffrées grâce au miroir. Le coffre s'ouvre et... il y a quelque chose à l'intérieur ! C'est vraiment un diamant ! Celui-ci scintille de mille feux entre tes doigts tremblant d'émotion. Tu te relèves, un peu étourdi par toute cette histoire, et contemples la pièce dans laquelle tu te trouves.

C'est comme si le gentleman cambrioleur venait tout juste de quitter son bureau. Tout en retournant triomphalement sur tes pas, tu repenses au chemin parcouru. Les énigmes posées par le plus grand des voleurs t'ont peut-être donné du fil à retordre, mais la satisfaction de les avoir résolues n'en est que plus grande ! Et puis... tu as quand même trouvé le trésor d'Arsène Lupin ! Tu ris en plaçant le diamant dans ta poche. Cela te fera un joli souvenir de toute cette aventure !

SOLUTIONS

ÉNIGME 1
Il n'y a aucune relique ici.

ÉNIGME 2
« Le parc Monceau n'est pas un lieu clé » (L'-œufs-P'-arc-mont-seau-nez-pas-1-lit-œufs-clé).
Il n'y a donc rien ici.

ÉNIGME 3
Il faut mettre les trains dans l'ordre suivant : 3-1-2-4. Cela forme les mots : Gare – Lyon – Lieu – Rien. On en déduit qu'il n'y a pas de relique ici.

ÉNIGME 4
Les plumes, classées de la plus petite à la plus grande, forment le mot « moulin ». On en déduit que l'endroit de la carte dont il est question est le Moulin Rouge, et Arsène dit lui-même que rien n'y est caché.

ÉNIGME 5
L'obélisque reconstitué donne : « L'Obélisque est un lieu clé tu as mon monocle ».
Il y a donc bien une des trois reliques d'Arsène Lupin cachée ici, son monocle ! Voilà un des trois lieux où poser le triangle.

ÉNIGME 6
La bonne danseuse, celle qui porte un tutu violet, des chaussons bleus mais pas de canne est la danseuse n° 3. Elle n'a aucune relique d'Arsène, il n'y a donc rien ici.

ÉNIGME 7
Les indications se réfèrent au plan de Paris aux premières pages du livre. Au nord de la Seine, à l'est de la gare du Nord et pas au sud du cimetière du Père-Lachaise (donc au nord), on trouve les Buttes Chaumont.
Encore un endroit à éliminer, donc.

ÉNIGME 8
La bonne ombre est celle avec le mot « diamant ». Le diamant n'étant pas une relique d'Arsène Lupin, on peut éliminer le Lion de Belfort.

ÉNIGME 9
L'endroit à éliminer sur la carte est la Madeleine (le gâteau - « pleurer comme une madeleine » - la Sainte Madeleine se fête le 22 juillet).

ÉNIGME 10
La seule avenue sur laquelle ne se trouve aucun palindrome (un mot qui se lit dans les deux sens) est celle où il est écrit « bleue ». Il n'y a pas de relique ici.

ÉNIGME 11
Le récipient qui se remplira en premier sera le n° 3. Aucune relique ici.

ÉNIGME 12
Les livres, une fois les lettres en gras sur les titres rangées dans l'ordre alphabétique, forment le mot « jaune ». Pas de relique ici.

ÉNIGME 13
Les lettres mises en avant forment la phrase « Il n'y a rien ici ». Au moins, c'est clair !

ÉNIGME 14
Il faut poser sur la page le triangle découpé, qui détient la seconde moitié de l'inscription, pour former le nom du pont Alexandre III. Il n'y a pas de relique, ici.

ÉNIGME 15
Les lettres centrales, assemblées de bas en haut, forment le mot « canne ». C'est une des reliques présentes sur le portrait d'Arsène. Il faudra donc poser un des angles du triangle au niveau de la tour Eiffel.

ÉNIGME 16
Il faut déplacer les pinceaux 1, 3, 7 et 9.
Rien n'est caché ici.

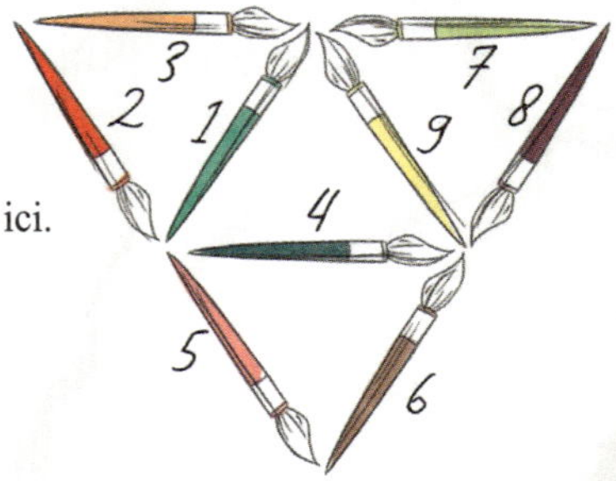

ÉNIGME 17
Un chiffre se cache dans chacune des phrases. Ces chiffres indiquent l'ordre des phrases pour former un texte cohérent, qui t'informe qu'Arsène est

déguisé et qu'il est poursuivi par un policier déguisé lui aussi.
1 (UN) Dans mon métier, l'art du
2 (DEUX) déguisement est un fameux atout.
3 (TROIS) J'ai très souvent changé mes identités
4 (QUATRE) pour fuir la matraque. Comme ici, celui
5 (CINQ) qui me poursuit porte cette voyante
6 (SIX) valise rouge alors que mon exquise
7 (SEPT) casquette bleue cache à la perfection
8 (HUIT) mon charmant et fabuleux visage.
C'est donc le voyageur à la valise rouge qui poursuit Arsène, lui-même déguisé en contrôleur avec la casquette bleue. Il n'y a donc rien gare Saint-Lazare.

ÉNIGME 18
Le tableau unique est celui avec le mot « coffre ». Pas de relique ici.

ÉNIGME 19
Il s'agit de la lettre N (présente deux fois dans le mot « Panthéon », au début de « nuit » et à la fin de « matin »). Il n'y a pas de relique au Panthéon.

ÉNIGME 20
En suivant les instructions pas à pas, les dalles forment le mot « vide ». Il n'y a rien dans cette cachette !

ÉNIGME 21
Il y a toujours treize barreaux hors de l'eau ! L'échelle est fixée au bateau ; elle est donc solidaire avec lui et monte, tout comme le bateau, au même rythme que la crue. Pas de relique ici !

ÉNIGME 22
Seule la fleur de couleur rose affiche la bonne couleur. Il n'y a pas de relique au Jardin des Plantes.

ÉNIGME 23
Un seul homme ira en prison, parce que les deux autres voleurs sont des femmes ! Il n'y a aucune relique ici.

ÉNIGME 24
En posant son crayon et en allant suivant les indications : 1 carreau (ou 1 cm) au sud, puis 2 à l'est, etc., on obtient le mot « cirque », auquel il faut ajouter le « i vert » final. Cela désigne le cirque d'Hiver, dans lequel aucune relique n'est cachée.

ÉNIGME 25
La somme de chaque série de chiffres donne 24, sauf 420646. Mais cela n'a rien à voir avec les reliques d'Arsène Lupin !

ÉNIGME 26
La carte d'identité de Victor Trappe, n'est pas celle d'Arsène Lupin ! On peut travestir ses yeux, ses cheveux, son nom, son métier, son âge... mais pas sa taille. Il est difficile, même pour le talentueux Arsène, de se faire passer pour un homme d'environ 20 cm plus petit que lui. Il n'y a donc rien à la gare du Nord.

ÉNIGME 27
L'échiquier ici présent rappelle le quadrillage du plan de Paris. La pièce se trouve au croisement de la colonne FO et de la ligne RT, pour former le mot FORT. Ce qui correspond, sur le plan, au jardin du Luxembourg, où aucune relique n'est cachée.

ÉNIGME 28
L'indice renvoie à l'alphabet Braille, utilisé par les non-voyants. Tu peux en trouver une reproduction à la fin de ton livre, sur la page du triangle à découper. Les plus grosses étoiles forment le mot « rien ». Il n'y a donc, en toute logique, rien à l'Observatoire.

ÉNIGME 29
Le seul chemin qui mène à la clé passe par les lettres H A U T D E F O R M E.
Ce qui forme « haut-de-forme ». C'est l'une des trois reliques d'Arsène Lupin, bien joué !

ÉNIGME 30
1. Vilaines – 2. Levains – 3. Valise – 4. Valse – 5. Vase.
Il n'y a pas de relique ici.

ÉNIGME 31
Les trois reliques d'Arsène sont cachées dans les lieux suivants : le monocle à l'Obélisque, la canne à la tour Eiffel et le haut-de-forme au cimetière du Montparnasse.
En plaçant le triangle sur ces trois lieux, il souligne les mots suivants :
« Z = A », « W = E » et « J = D ».

ÉNIGME 32
En appliquant le code trouvé avec le plan de Paris et le triangle, la phrase sur la porte est donc : « Dis “Arsène” et entre. »

ÉNIGME 33
En faisant se superposer les deux plaques, les lettres suivantes apparaissent :
OUVRW LZ PRWMIWRW PLZQUW
En appliquant le code obtenu à l'énigme 31, on obtient la phrase :
« Ouvre la première plaque. »

ÉNIGME 34
Il faut faire une soustraction en retirant au mot INVALIDES (lieu de l'énigme 30) les lettres du mot MADELEINE (lieu de l'énigme 9). Restent les lettres IVS. En les remettant dans l'ordre, on obtient le mot « vis ». Il faut donc une vis pour réparer le système électrique de l'énigme 35.

ÉNIGME 35
L'énigme 34 te dit d'utiliser une vis pour réparer le système. La vis en question se trouve sur le verso du triangle. En le positionnant pour compléter le dessin, on peut lire :
« ÉNIGME 12 + ÉNIGME 10 », la vis faisant le signe « + ».
La réponse de l'énigme 12 est « jaune » et celle de l'énigme 10 « bleue ». En « additionnant » ces deux couleurs, on obtient du vert. C'est sur ce bouton qu'il faut appuyer !

ÉNIGME 36
En complétant le texte à trous avec le mot « vert » (couleur trouvée à l'énigme précédente), le texte complété donne :
« C'est ouVERT (ouvert). À l'enVERT (à l'envers). VERT (Vers) la gauche. Tu VERTas (verras) la VERTité (vérité). InVERTse (inverse) B & S. »

ÉNIGME 37
En appliquant les indications de l'énigme 36 (lire à l'envers et inverser les lettres B et S), on peut déchiffrer la première note en haut à gauche :
« Bienvenue dans mon bureau. Ici se cache mon trésor. »
Pour l'énigme en bas à droite, on trouve la phrase : « Relie les 2 [Résultat Énigme 30] sur la carte. »

Le résultat de l'énigme 30 est « vase ». Il faut donc relier les deux « vases » sur la carte.
Sur le premier vase (sur le bureau), on voit le « i » de l'énigme 24, du cirque d'Hiver.
Sur le deuxième vase (avec les plumes rouges), on voit le pion de l'énigme 27, du jardin du Luxembourg.
En reliant, à l'aide du triangle, ces deux lieux sur le plan, la phrase « Lis 1 phrase sur 2 » est soulignée.

ÉNIGME 38
La solution de l'énigme 37 dit de lire une phrase sur deux. La relique pour y voir plus clair est le monocle, il faut donc garder la syllabe « cle ».
Le haut-de-forme se visse sur la tête, il faut garder le mot « forme ».
On s'appuie sur la canne, il faut garder les lettres « ca ».
On obtient « cle forme ca ». Il faut donc une « clé en forme de K » pour ouvrir le tiroir du bureau.

ÉNIGME 39
La clé en forme de K se trouve dans la main d'Arsène dans l'énigme 1, aux Halles centrales. Dans son autre main, il tient un miroir. Il faudra donc un miroir pour résoudre la dernière énigme.

ÉNIGME 40
À l'aide d'un miroir, on lit :
« Sous [nom du Père énigme 13] se trouve une [nom intrus énigme 26]. En l'ouvrant tu découvres un [nom tableau énigme 18] [coordonnées énigme 27]. Le code est [énigme 16] dans le même ordre que le classement de l'énigme 12. Voici le fameux [nom lion énigme 8] [dernier mot lieu énigme 23]. Il est à toi. Quel [dernier mot lieu énigme 10]. Tu es le digne héritier d'Arsène Lupin ! »

Le texte complété donne :
« Sous **Lachaise** (la chaise) se trouve une **trappe**. En l'ouvrant tu découvres un **coffre fort** (coffre-fort). Le code est **1379** dans l'ordre **alphabétique**. Voici le fameux **diamant royal**. Il est à toi. Quel **triomphe**. Tu es le digne héritier d'Arsène Lupin ! »

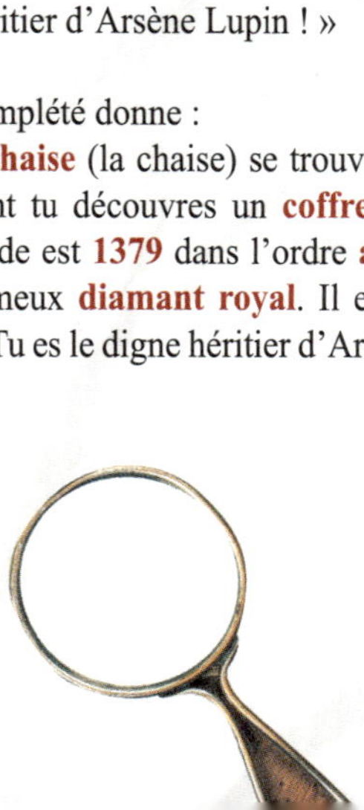

Découpe soigneusement ce triangle, tu en auras besoin pour résoudre certaines énigmes, mais aussi pour relier les lieux contenant les reliques d'Arsène Lupin ! Place le triangle et observe attentivement ce que soulignent ses côtés.

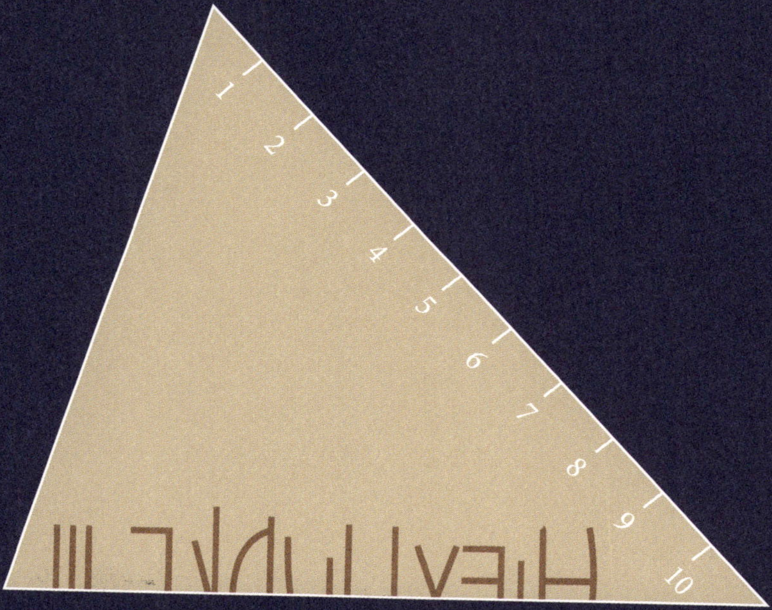

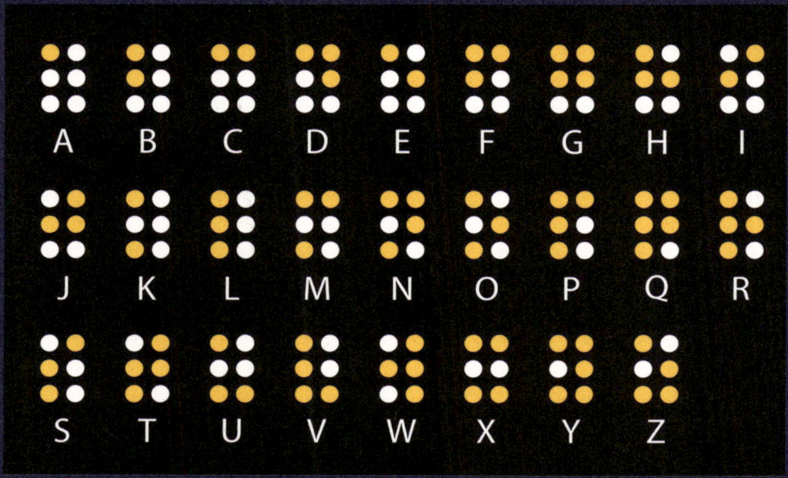

Ne jette pas ceci, ça pourrait te servir...